O PRESENTE PRECIOSO

Obras do autor publicadas pela Editora Record

Como sair do labirinto
O gerente-minuto com Kenneth Blanchard
Liderança e o gerente-minuto com Kenneth Blanchard
O vendedor-minuto com Larry Wilson
O professor-minuto com Constance Johnson
A mãe-minuto
O pai-minuto
Um minuto para mim
O presente precioso
O presente
Quem mexeu no meu queijo?
Quem mexeu no meu queijo? Para crianças
Quem mexeu no meu queijo? Para jovens
Sim ou não
O vendedor-minuto

SPENCER JOHNSON, M.D.

tradução de
PINHEIRO DE LEMOS

O PRESENTE PRECIOSO

Tradução de
Pinheiro de Lemos

37ª edição

EDITORA RECORD
RIO DE JANEIRO • SÃO PAULO
2022

CIP-BRASIL. CATALOGAÇÃO NA PUBLICAÇÃO
SINDICATO NACIONAL DOS EDITORES DE LIVROS, RJ

J65p   Johnson, Spencer.
37. ed.   O presente precioso / Spencer Johnson ; tradução Pinheiro de Lemos. – 37. ed. - Rio de Janeiro : Record, 2022.
80 p.

Tradução de: The Precious Present.
ISBN 978-65-5587-579-9

1. Felicidade. 2. Autorrealização (Psicologia). 3. Técnicas de autoajuda. I. Lemos, Pinheiro de. II. Título.

22-79328

CDD: 152.42
CDU: 159.942

Gabriela Faray Ferreira Lopes - Bibliotecária - CRB-7/6643

Título original:
The Precious Present

Copyright © 1981 Spencer Johnson, M.D.
Copyright © 1984 Candle Communications Corporation

Texto revisado segundo o Acordo Ortográfico da Língua Portuguesa de 1990.

Todos os direitos reservados. Proibida a reprodução, no todo ou em parte, através de quaisquer meios. Os direitos morais do autor foram assegurados.

Direitos exclusivos de publicação em língua portuguesa somente para o Brasil adquiridos pela
EDITORA RECORD LTDA.
Rua Argentina, 171 – Rio de Janeiro, RJ – 20921-380 – Tel.: (21) 2585-2000, que se reserva a propriedade literária desta tradução.

Impresso no Brasil

ISBN 978-65-5587-579-9

Seja um leitor preferencial Record.
Cadastre-se no site www.record.com.br e receba informações sobre nossos lançamentos e nossas promoções.

Atendimento e venda direta ao leitor:
sac@record.com.br

Dedicado ao
Sr. Peter Althouse

Era uma vez um menino...

que escutou um velho falar.

E, assim, começou a ouvir sobre
O Presente Precioso.

— É um presente porque
é uma dádiva
— explicou o velho satisfeito.

— E é precioso porque
aquele que recebe
um presente assim
é feliz para sempre.

— Uau! — exclamou o garotinho.
— Espero que alguém me dê
O Presente Precioso.
Talvez eu o ganhe no Natal.

O menino saiu correndo para brincar.

E o velho sorriu.

Ele gostava de ver o menino brincar.
Contemplava o sorriso no rosto dele
e o ouvia rir
se balançando numa árvore.

O menino era feliz.

E dava gosto de ver.

O velho também gostava de observar
o menino trabalhar.

Até levantava cedo nas manhãs de sábado
para ver o jovem trabalhador cortar
a grama do outro lado da rua.

O menino assoviava
enquanto trabalhava.

O menino era feliz,
não importava o que estivesse fazendo.

Dava mesmo gosto de ver.

Quando pensava no que
o velho tinha dito, o menino
achava que entendia.

Ele sabia tudo de presentes.

Como a bicicleta
que ganhou de aniversário
e os presentes que o esperavam sob a árvore
na manhã de Natal.

Porém, ao pensar mais no assunto, ele se deu conta.

A alegria dos brinquedos
nunca dura para sempre.

E o menino começou a se sentir
incomodado.

— O que é então O Presente Precioso?
— perguntou-se ele. — O que será que
poderia me fazer feliz para sempre?

Ele achou difícil
até imaginar a resposta.

Então voltou para perguntar isso
ao velho.

— O Presente é um anel mágico?
Um que eu posso botar no dedo
e fazer com que todos os meus desejos
se realizem?

— Não. — Foi a resposta.

O PRESENTE PRECIOSO
NADA TEM A VER
COM DESEJOS.

O menino foi crescendo e continuou a se perguntar. Ele foi até o velho.

— O Presente Precioso é um tapete voador? — perguntou. — Um tapete no qual eu posso subir e ir aonde quiser?

— Não — respondeu o velho baixinho.

ao ter
o presente precioso
você ficará totalmente
satisfeito
de estar onde
está.

O menino já era um jovenzinho agora
e ficava mais sem graça de perguntar.

Mas ele estava incomodado.

E começou a perceber que
não estava conseguindo o que queria.

— O Presente Precioso — aventurou-se
lentamente — é um tesouro escondido?
Talvez moedas de ouro raras enterradas
por piratas há muito tempo?

— Não, meu rapaz — respondeu o
velho. — Não é.

A riqueza é rara, de fato,
mas...
o valor do presente
só provém
de si mesmo.

O rapaz pensou por um instante.
E depois se irritou.

— Você me disse — falou o rapaz — que qualquer um que recebesse um presente assim seria feliz para sempre. Eu nunca recebi um presente assim quando era criança.
— Acho que você não entendeu — disse o velho.

VOCÊ JÁ SABE
O QUE É O PRESENTE PRECIOSO.

VOCÊ JÁ SABE
ONDE ENCONTRÁ-LO.

E JÁ SABE
COMO ELE PODE FAZER
VOCÊ FELIZ.

VOCÊ JÁ SOUBE BEM MAIS
QUANDO ERA CRIANÇA.

VOCÊ APENAS ESQUECEU.

O rapaz se afastou
para pensar.

Mas, conforme o tempo foi passando,
ele se sentiu frustrado,
e, por fim, furioso.

E acabou confrontando
o velho.

— Se você quer que eu seja feliz —
gritou o rapaz —, por que não me
diz simplesmente o que é O Presente
Precioso?

— E onde encontrá-lo?
— rebateu o velho.

— Exatamente
— exigiu o rapaz.

— Eu bem que gostaria — começou o velho. — Mas não tenho esse poder. Ninguém tem.

— Só você tem o poder de se fazer feliz
— continuou o velho.

— Só você.

O PRESENTE PRECIOSO
NÃO É UMA COISA
QUE ALGUÉM TE DÁ.

É UM PRESENTE QUE
VOCÊ SE DÁ.

O rapaz estava confuso,
mas determinado.

Resolveu procurar O Presente Precioso
por conta própria.

E assim...

Fez as malas.

E partiu de onde estava.
E foi a outros lugares.

À procura do Presente Precioso.

DEPOIS de muitos anos de frustração,
o homem se cansou de procurar
O Presente Precioso.

Ele havia lido todos os livros mais recentes.

E folheado o *Wall Street Journal*.

Ele havia olhado no espelho.

E no rosto das pessoas.

Ele queria tanto encontrar
O Presente Precioso.
E havia feito de tudo para achá-lo.

Havia procurado por ele no topo
de montanhas
e em cavernas escuras e frias.

E havia procurado por ele
em selvas densas e úmidas.

E no fundo dos mares.

Mas sem sucesso.
Sua busca estressante
o havia exaurido.

Ele até caiu doente
algumas vezes.

Mas não sabia por quê.

O homem voltou, cansado,
para o lado do velho.

O velho ficou feliz ao vê-lo.
Com frequência os dois gargalhavam
juntos.

O homem gostava
da companhia do velho.
Ficava feliz
na presença dele.

E supôs que isso se devesse ao fato de
o velho se sentir feliz consigo mesmo.

Não que a vida do velho
fosse livre de problemas.
Ele não parecia ter muito dinheiro.
E pelo jeito ficava sozinho a maior
parte do tempo.

Na verdade, não havia mesmo motivo
aparente que explicasse o fato de ele ser
feliz e mais saudável que a maioria
das pessoas.

Mas ele era feliz.
E também os que
passavam algum tempo com ele.

— Por que é tão bom estar na companhia dele? — perguntou-se o jovem. — Por quê?

Ele foi embora, ainda se perguntando.

DEPOIS de muitos anos,
o homem que fora jovem
voltou para investigar mais a fundo.

Estava agora muito infeliz
e frequentemente ficava doente.
Precisava conversar com o velho.

Mas o velho tinha envelhecido muito, muito mais.

E, de repente, parou de falar.
A sábia voz não podia mais ser ouvida.

O homem estava só.

Num primeiro momento, ele ficou triste com a perda do amigo.

Em seguida, teve medo.
Muito medo.

Teve medo de nunca aprender
a ser feliz.

Até que...

Ele finalmente aceitou o que
fora a verdade desde o início.

Ele era o único que poderia encontrar
a própria felicidade.

O homem infeliz recordou-se
o que lhe dissera o velho feliz
tantos anos antes.

Porém, por mais que tentasse,
não conseguia decifrar...

Ele tentou compreender
o que havia escutado.

O PRESENTE NADA TEM A VER
COM DESEJOS

AO TER O PRESENTE VOCÊ
SE SENTIRÁ TOTALMENTE
SATISFEITO POR ESTAR
ONDE ESTÁ...

O VALOR DO PRESENTE
SÓ PROVÉM DE SI MESMO...
O PRESENTE NÃO É UMA
COISA QUE ALGUÉM TE DÁ...

É UM PRESENTE QUE
VOCÊ SE DÁ...

O homem infeliz
havia se cansado de procurar
O Presente Precioso.

Ele ficou tão cansado
de tentar
que simplesmente
parou de tentar.

E, então, aconteceu!
Ele não soube por que aconteceu, quando aconteceu.

Apenas... aconteceu!

Ele se deu conta de que
O Presente Precioso
era apenas isto:

O PRESENTE

Não o passado,
nem o futuro,
mas

O PRESENTE PRECIOSO

E, num instante,
o homem ficou feliz.

Ele se deu conta de que estava
no
Presente Precioso.

Jogou as mãos para o alto, triunfante,
no ar puro e frio.
Estava contente...

Por um instante...

Mas, então, com a mesma rapidez com que a havia encontrado, ele deixou a alegria do momento presente evaporar.

E, devagar, baixou as mãos,
tocou a testa e franziu o cenho.

O homem estava infeliz — de novo.

— Por que — perguntou-se ele
— eu demorei tanto para enxergar o óbvio? Por que perdi tantos momentos preciosos?
— Por que levei tanto tempo para viver no presente?

Ao se lembrar das viagens infrutíferas ao redor do mundo em busca
do Presente Precioso, ele entendeu quanta felicidade havia perdido.

Ele não havia aproveitado o que cada momento e cada lugar especial tinham a oferecer. Ele havia perdido muita coisa.

E sentiu-se triste.

O homem continuou
a se repreender.
E depois viu o que estava fazendo.

Percebeu que
estava preso
na culpa por seu passado.

Quando ele se conscientizou de sua infelicidade e de estar no passado,

Ele voltou
ao momento presente.

E ficou feliz.

Mas então o homem começou
a se preocupar com o futuro.

— Será que — questionou-se
— eu serei capaz de sentir a alegria de
viver no Presente Precioso amanhã?

Então ele viu
que estava vivendo no futuro
e riu —
de si mesmo.

Ele deu ouvidos ao que agora sabia.

E escutou
a sabedoria
de sua própria voz.

É SÁBIO, DA MINHA PARTE,
PENSAR NO PASSADO
E APRENDER COM O MEU
PASSADO

MAS NÃO HÁ SABEDORIA
ALGUMA EM
<u>VIVER</u> NO PASSADO

PORQUE É ASSIM QUE EU PERCO
A MINHA ESSÊNCIA.

Também é sábio, da minha parte, pensar no futuro e me preparar para o meu futuro

Mas não há sabedoria alguma em <u>viver</u> no futuro

Porque é assim, também, que eu perco a minha essência.

e, quando eu perco a
minha essência,
perco o que é mais
precioso para mim.

Era tão simples.
E agora ele conseguia enxergar.

O presente o amparava.

Mas o homem sabia
que não seria fácil.

Aprender a viver no presente
era um processo que ele teria de vivenciar
muitas e muitas vezes...
uma depois da outra...
até que se tornasse
parte dele.

Agora ele sabia por que
havia gostado tanto da companhia
do velho.

O velho estava totalmente presente
quando estava na companhia do homem
mais jovem.

O velho não ficava pensando
em outra coisa
ou desejando estar em outro lugar.

Estava cem por cento presente.

E era tão bom
estar com uma pessoa assim.

O homem mais jovem sorriu para si
mesmo, como o velho costumava sorrir.

Ele soube.

eu posso escolher
ser feliz agora

ou posso tentar ser feliz

quando... ou se...

O homem escolheu o AGORA!

E então ficou feliz.
Sentiu-se em paz consigo mesmo.

Concordou em saborear
cada momento da vida...
o que parecia bom
e o que parecia ruim...

Mesmo que não compreendesse.
Pela primeira vez na vida,
aquilo não tinha importância.

Ele aceitava cada um de seus
momentos preciosos neste planeta como

uma dádiva.

sei que algumas pessoas
escolhem receber
o presente precioso
quando são jovens,
outras, na meia-idade.
e algumas quando
estão muito velhas.

algumas pessoas,
infelizmente,
nunca o fazem.

posso escolher receber
o presente precioso
sempre que eu quiser.

E ali, sentado, pensando,
o homem sentiu-se afortunado.

Ele era quem era
onde estava.

E agora ele sabia!

Seria sempre
quem ele era
onde estivesse.

Ele deu ouvidos outra vez a seus pensamentos.

O presente é o que é.

É valioso.
Mesmo que eu não saiba
por quê.

Já é justamente
como deveria ser.

Quando eu vejo o presente,
aceito o presente e
vivencio o presente.

Estou bem
e sou feliz.

A dor é apenas
a diferença entre

o que é

e

o que eu quero
que seja.

quando me sinto culpado
por meu passado
imperfeito,

ou fico ansioso
por meu futuro
desconhecido,

eu não vivo no presente.

sinto dor.
fico doente.

e sou infeliz.

Meu passado foi
o presente.

E meu futuro será
o presente.

O momento presente é
a única **realidade**
que eu vivencio.

ENQUANTO EU CONTINUAR
NO PRESENTE,

SEREI FELIZ PARA TODO O
SEMPRE:

PORQUE TODO O SEMPRE
É SEMPRE
O PRESENTE.

o presente é
simplesmente

quem eu sou,

do jeito que eu sou...

agora.

e é precioso.

eu sou precioso.

EU SOU O PRESENTE PRECIOSO.

Era como se ele
pudesse ouvir o velho falando.

E então sorriu.
E seu sorriso aumentou.
E ele riu.

Sentiu uma intensa alegria.

Ele soube que estava ouvindo,
não ao velho...

mas a si mesmo!

Ele se sentiu bem na própria companhia — do jeito que ele era.

Ele sentiu que sabia o suficiente.

Sentiu que tinha o suficiente.

Sentiu que *era* o suficiente.

AGORA.

Ele finalmente havia encontrado
O Presente Precioso.

E estava cem por cento feliz.

Várias décadas depois...

O homem se tornara
um velho feliz,
próspero
e saudável.

Um dia, uma menina
foi conversar com ele.

Ela gostava de ouvir "o velho",
como o chamava, falar.

Era uma companhia divertida.

Havia alguma coisa
especial no velho.
Mas ela não sabia o que era.

Um dia, a menina
começou a prestar atenção
no que o velho dizia.

De alguma forma, ela sentiu algo
importante
em sua voz serena.
Ele parecia muito feliz.

A menina não conseguia entender por quê.

— Como pode alguém tão velho ser
tão feliz? — questionou-se ela.

Ela perguntou,
e o velho explicou
o motivo.

Então, de repente, a menina
deu um pulo e
soltou um gritinho de alegria!

Quando ela saiu correndo
para brincar,
o velho sorriu.
Pois escutou o que ela havia dito...

— Uau! — exclamou a menina.

— Espero que algum dia alguém me dê...

O PRESENTE PRECIOSO

Este livro foi composto na tipografia Adobe
Janson Pro, em corpo 19,5/25, e impresso em
papel off-white no Sistema Cameron da
Divisão Gráfica da Distribuidora Record.